ABC der Tiere
Schreiblehrgang
Vereinfachte Ausgangsschrift

Herausgegeben von
Klaus Kuhn

Erarbeitet von
Klaus Kuhn
Kerstin Mrowka-Nienstedt

Unter Mitarbeit von
Stilla Bencker

Illustriert von
Heike Treiber

Name: _____

Klasse: _____

Inhalt

Inhalt	Ankertier	Seite	Inhalt	Ankertier	Seite
In der Klasse	–	3	Jj	Jaguar	30
n	Nashorn	4	Gg	Gans	31
e	Elefant	5	Kk	Kakadu	32
m	Maus	6	ck	–	33
l e	Löwe, Elefant	7	Pp	Papagei	34
i u	Igel, Uhu	8	Sp sp	Specht	35
O o	Orang-Utan	9	St st	Storch	36
A a	Affe	10	F f	Fisch	37
Au au	Auerhahn	11	Pf pf	Pfau	38
D d	Delfin	12	V v	Vogel	39
t	Tiger	13	W w	Wal	40
T t	Tiger	14	Z z	Zebra	41
N	Nashorn	15	tz z	–	42
M	Maus	16	U u	Uhu	43
S s	Seepferdchen	17	Y y	Yak	44
s s	Seepferdchen	18	X x	Boxer	45
R r	Reh	19	Qu qu	Qualle	46
B b	Bär	20	nk ng	–	47
H h	Hase	21	ß ß ß	–	48
C c	Clown	22	chs	–	49
Ch ch	fauchen	23	ai	–	50
Sch sch	Schildkröte	24	Ä ä	Känguru	51
E	Elefant	25	Äu äu	–	52
Ei ei	Eichhörnchen	26	Ö ö	Kröte	53
Eu eu	Eule	27	Ü ü	Kühe	54
L	Löwe	28	Schreibtexte	–	55–56
J	Igel	29	Schmuckblatt	–	57

Bildquellenverzeichnis

Fotolia.com: S. 4: Hand © Denys Prykhodov; S. 4: Hund, S. 20: Rabe, S. 34: Papagei, S. 38: Pfau, S. 38: Feuer, S. 38: Pferd, S. 44: Yak, S. 44: Pony, S. 49: Fuchs, S. 49: Ochse, S. 49: Luchs © Eric Isselée; S. 4, 17: Sonne: © pixbox77; S. 4, 5: Kanne 1 © Zbyszek Nowak; S. 4: Insel © Banana Republic; S. 4: Pinsel © Antonin Spacek; S. 4, 5, 14: Tonne © fefufoto; S. 4, 5, 14: Tanne © lina27; S. 5: Kanne 2 © claverinza; S. 5: Badewannen © Tombaky; S. 6: Hammer, S. 18: Tassen © Schwoab; S. 6: Hummer © Edward Westmacott; S. 6: Trommel © taviphoto; S. 6: Himmel © Nenov Brothers; S. 7: Bälle © Africa Studio; S. 7: Wolle © ksena32; S. 7: Füller © effe45; S. 10: Salami © Igor Normann; S. 10: Mama © Serhiy Kobyakov; S. 10, 17: Salat © Pixelspieler; S. 10: Lama © dmitriy_rnd; S. 11: Auge © Doreen Salcher; S. 11: Auto © Rawpixel; S. 11, 17: Maus © Pakhnyushchyy; S. 11: blau (Farbe) © robodread; S. 24: Tasche © andrewburgess; S. 20: Brille © Stauke; S. 14: Tinte: © Armin Staudt; S. 14: Tante © Blend Images; S. 15: Nest © mekcar; S. 15, 18: Nase © Wolfgang Zwanzger; S. 15: Nagel © Edler von Rabenstein; S. 15: Nüsse © mates; S. 15: Nadel © djama; S. 18: Sessel © torsakarin; S. 18: Dose © GoldPix; S. 20: Birne © atoss; S. 20: Tube © FirstBlood; S. 23: Chor © shootingankauf; S. 23: Dach © maho; S. 24: Schlitten © Zsolt Fulop; S. 24: Schere © dulsita; S. 25: Esel © Rostislav Ageev; S. 25: Elch © freshidea; S. 25: Emu © AVD; S. 25: Ente © shishiga; S. 27: Euro © Teteline; S. 27: Scheune © winterthur100; S. 28: Leute © Rawpixel; S. 28: Leiter © Kaarsten; S. 34: Pappkarton © picsfive; S. 34: Raupe © Fotofermer; S. 37: Frau © contrastwerkstatt; S. 37: Schiffe © Martina Misar; S. 38: Pfeife © Denys Rudyi; S. 38: Kopf © pete pahham; S. 38: Pfanne © magraphics.eu; S. 38: Fisch © Witold Krasowski; S. 38: Fliege © rcfotostock; S. 44: Yoga © Tran-Photography; S. 44: Baby © Nik; S. 46: Aquarium © stern_et; S. 46: Qualm © Carola Vahldiek; S. 49: Dachs © Luxe; S. 49: Achse © fantasy

iStockphoto.com: S. 49: Lachs © saiko3p

Mildenberger Verlag: S. 28: Laterne; S. 46: Quadrat; S. 46: Quark

In der Klasse

1. Male gleiche Namensschilder mit derselben Farbe an.
2. Was fällt bei den Namen auf? Sprich mit anderen darüber.

n

1. *n n n n n n n*

n | n n n n n
n n n n
n n n

2.
Hand — **Hand**
Hund — **Hund**
Sonne — **Son**ne
Kanne — **Kan**ne

Insel — **In**sel
Pinsel — **Pin**sel
Tonne — **Ton**ne
Tanne — **Tan**ne

3. nun *nun nun* nein *nein nein*

rennen kennen nennen

1. Nachspuren und schreiben
2. Nachspuren, bei zweisilbigen Wörtern mit zwei Farben
3. Nachspuren, bei zweisilbigen Wörtern mit zwei Farben

4

e

1.

e e e e e e e e

e e e e · · · e

e e e · · · e

en en en en · · en

2.

Tannen
Tannen

Tonnen
Tonnen

Kannen
Kannen

Wannen
Wannen

rennen
rennen

können
können

nennen
nennen

brennen
brennen

3. neun Sonne gewinnen

1. Nachspuren und schreiben
2. Zweisilbige Wörter mit zwei Farben nachspuren
3. Nachspuren, bei mehrsilbigen Wörtern mit zwei Farben

m

1.

m m m m m

m m m

me me me

men men men men

2.
Hammer
Hammer

Trommel
Trommel

Hummer
Hummer

Himmel
Himmel

kommen
kommen

kämmen
kämmen

summen
summen

brummen
brummen

3. Lämmer rennen schnell.

1. Nachspuren und schreiben
2. Mit zwei Farben nachspuren
3. Nachspuren, bei zweisilbigen Wörtern mit zwei Farben

ℓ e

1.

2.

Das e kannst du auch so schrei**be**n.

3. *e* oder *ℓ* ? Ent**schei**de selbst.

Ich schrei**be** e so, weil …

Bälle

Bälle

Wolle

Wolle

Füller

Füller

1. Nachspuren und schreiben
2. Nachspuren und schreiben
3. Mit zwei Farben nachspuren; Schreibvarianten erproben; über die Auswahl der Varianten sprechen

7

i u

1.

2.

3.
im   um

in   nun

Him**mel**   Hum**mel**

👥 4. im oder um? Vergleiche mit einem Partner.

1. Nachspuren und schreiben
2. Nachspuren und schreiben
3. Nachspuren und schreiben
4. „im" oder „um" passend schreiben und mit einem Partner vergleichen

O o

1. Nachspuren und schreiben; Spitze beachten (Igel)
2. Bei Linksovalen Sprung beachten (Känguru)
3. Mit zwei Farben nachspuren; über die Ausführung des Sprungs bei Linksovalen sprechen

A a

1.

A a

A A A A A   a a a a a

A   A   ma ma ma

2.
Salami   Salat
Salami   Salat

Mama   Lama
Mama   Lama

3. Aal   Aal

Aal   Aal   Aal

Ali   Ali

Ali   Ali   Ali

4. Alle malen Oma.

1. Nachspuren und schreiben; Spitze beachten (Igel); bei Linksovalen Sprung beachten (Känguru)
2. Mit zwei Farben nachspuren
3. Nachspuren und schreiben, bei zweisilbigen Wörtern mit zwei Farben
4. In Schreibschrift mit zwei Farben schreiben

Au au

1.

Au	au
Au Au Au	au ... au
Au ... Au	miau miau

2.

Auge — Auge
Maus — Maus
Auto — Auto
blau — blau

3. Aula ... Aula

miau ... miau

lau ... lau

1. Nachspuren und schreiben; bei Linksovalen Sprung beachten (Känguru)
2. Zweisilbige Wörter mit zwei Farben nachspuren
3. Nachspuren und schreiben, bei zweisilbigen Wörtern mit zwei Farben

t

1.

2.
Betten | Boot
Noten | Hut

3. mit — mit

Otto — Otto

Auto — Auto

4. Otto malt den tollen Dino.

1. Nachspuren und schreiben
2. Nachspuren, bei zweisilbigen Wörtern mit zwei Farben
3. Nachspuren und schreiben, bei zweisilbigen Wörtern mit zwei Farben
4. Satz in Schreibschrift und mit zwei Farben schreiben

T t

1.

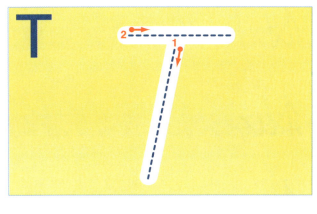

Das t kannst du auch so schreiben.

T T T   T   t t t   t

Te Te   Te   ti ti   ti

2.
 Tanne   Tanne
    Tanne   Tanne

 Tonne   Tonne
    Tonne   Tonne

3. t oder t ? Entscheide selbst.   Ich schreibe **t** so, weil …

 Tinte   Tinte   Tinte
    Tinte   Tinte

 Tante   Tante   Tante
    Tante   Tante

N

1. N N N N N N N

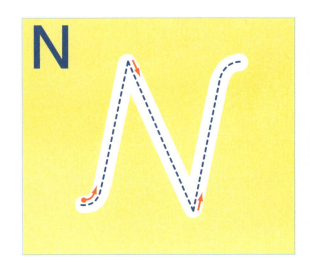

N N N N

Na Na Na

Ne Ne Ne

2. **Nest** Nest **Nagel** Nagel

Nase Nase **Nüsse** Nüsse

Name Name Name

3. Nena e → i

Nadel a → u

📘 4. Nena und Nele malen Noten.

1. Nachspuren und schreiben
2. Mit zwei Farben nachspuren und schreiben
3. Zauberwörter finden: Nachspuren, Buchstaben tauschen und mit zwei Farben schreiben
4. Satz in Schreibschrift und mit zwei Farben schreiben

M

1.

2.

Mio   Mio
Mia   Mia
Mimi   Mimi
Muli   Muli

3.

Mia a → o
Mama a → i

1. Nachspuren und schreiben
2. Mit zwei Farben nachspuren und schreiben
3. Zauberwörter finden: Nachspuren, Buchstaben tauschen und mit zwei Farben schreiben

R r

1.

R R R R
Ra Ra Ra
Ro Ro Ro

r r r r r
re re re re
ri ri ri ri

2. Was passt? Verbinde.

Turner — retten
Retter — rollen
Roller — turnen

Turner – turnen

3. Wie ist das Rad? Kreuze an.

○ rot ○ laut ○ rosa
○ arm ○ nett ○ rund

4. Das Rad ist ⬚ und ⬚.

1. Nachspuren und schreiben; Spitze beachten (Igel)
2. Nomen und Verben verbinden; mit zwei Farben nachspuren und schreiben
3. Passende Adjektive ankreuzen
4. Passende Adjektive schreiben

B b

1.

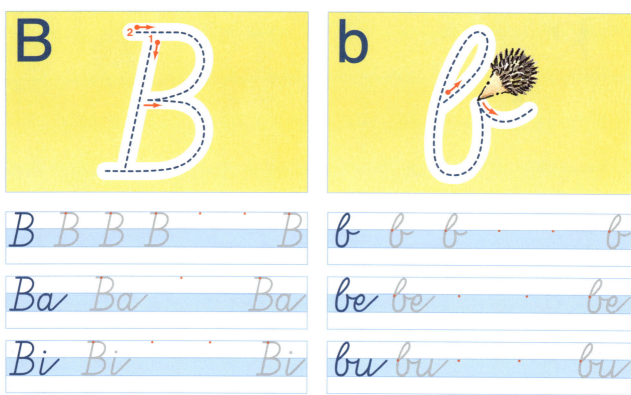

B	B	B	B	B	b	b	b	b	b
Ba	Ba		Ba		be	be			be
Bi	Bi		Bi		bu	bu			bu

2.
- Birne — Birne
- Brille — Brille
- Rabe — Rabe
- Tube — Tube

3. Schreibe die Sätze auf: *Beate badet ...*

Beate badet im See.

Sabine blieb im Bus.

1. Nachspuren und schreiben; Spitze beachten (Igel)
2. Mit zwei Farben nachspuren und schreiben
3. Sätze bilden; in Schreibschrift mit zwei Farben schreiben

H h

1. h h h h h h h h

H	H
Ha	he
Hu	ho

2. Helm
Hemd

3. Hase → a → o → Hose
Hand → a → u →
Hahn → a → u →

4. Schreibe die vier Tiernamen von Aufgabe 3 so auf:
der Hase, ...

1. Nachspuren und schreiben
2. Nachspuren und schreiben
3. Zauberwörter finden: Nachspuren, Buchstaben tauschen und mit zwei Farben schreiben
4. In Schreibschrift mit zwei Farben schreiben

Ch ch

1. **Ch** **ch**

Ch Ch Ch   ch ch ch

Cha Cha   che che che

2. Chor

Chor   Chor

Dach

Dach   Dach

3. Drachen Nacht tauchen Becher suchen rechnen

Nomen   Verben

Nacht

4. Schreibe zu jedem Verb von Aufgabe 3 einen Satz: *Chris rechnet ...*
Kontrolliere die Sätze mit einem Partner und vergleicht sie in der Klasse.

1. Nachspuren und schreiben (ab S. 23 selbstständiges Beachten des Kängurusprungs)
2. Nachspuren und schreiben
3. Nomen und Verben zuordnen; mit zwei Farben nachspuren und schreiben
4. Weitere Sätze in Schreibschrift mit zwei Farben schreiben; mit einem Partner austauschen und in der Gruppe vorstellen

Sch sch

1.

Sch	sch
Sch Sch Sch	sch sch sch
Scha Scha	sche sche

2.

Schlitten — Schlitten
Schlitten   Schlitten

Schere — Schere
Schere   Schere

Tasche — Tasche
Tasche   Tasche

3. Wer macht was?

schnurren   schnauben   schnattern   schlottern

4. Schreibe auf, was du alles machst: *schnorcheln, ...*
Vergleiche mit einem Partner und stellt in der Klasse vor.

1. Nachspuren und schreiben
2. Mit zwei Farben nachspuren und schreiben
3. Verben zuordnen und mit zwei Farben schreiben
4. Weitere Wörter in Schreibschrift mit zwei Farben schreiben, mit einem Partner austauschen und in der Gruppe vorstellen

E

1.

E E E E E E

E E E E

Ela Ela Ela

Emil Emil

2.
Esel — Esel
Elch — Elch
Emu — Emu
Ente — Ente

3. Bilde neue Wörter: Nuss, Boden ← Erde → Teil, Beere, Beben

Erdnuss

4. Schreibe diesen und weitere Sätze mit E auf:
Emil erntet rote Erdbeeren. ...

1. Nachspuren und schreiben; Spitze beachten (Igel)
2. Mit zwei Farben nachspuren und schreiben
3. Zusammengesetzte Wörter bilden und mit zwei Farben schreiben
4. Diesen und weitere Sätze in Schreibschrift mit zwei Farben schreiben

Ei ei

1. **Ei** / **ei**

Ei Ei   Ei
Eis Eis   Eis

ei ei   ei
ein ein   ein

2. Eimer — Eimer
   eilen — eilen

3. ein oder eine? Vergleiche mit einem Partner.

   Tasse   Messer
   Teller   Schale

4. Riese ie → ei
   Biene ie → ei
   Schiene ie → ei

1. Nachspuren und schreiben
2. Mit zwei Farben nachspuren und schreiben
3. „ein" oder „eine" passend schreiben und mit zwei Farben nachspuren und mit einem Partner vergleichen
4. Zauberwörter finden: Nachspuren, Buchstaben tauschen und mit zwei Farben schreiben

Eu eu

1. **Eu** **eu**

Eu Eu Eu   eu eu eu

Eule Eule   neu neu

2. Euro   Euro

   Euro   Euro

   Scheune   Scheune

   Scheune   Scheune

3. Eile   Ei → Eu

   Scheine   ei → eu

   nein   ei → eu

4. **Ver**bin**de und schrei**be **auf.**

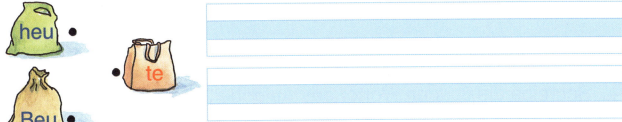

1. Nachspuren und mit zwei Farben schreiben
2. Mit zwei Farben nachspuren und schreiben
3. Zauberwörter finden: Nachspuren, Buchstaben tauschen und mit zwei Farben schreiben
4. Silben verbinden und Wörter in Schreibschrift mit zwei Farben schreiben

L

1.

L *L* *L* *La*

2. Laterne — Laterne
Leute — Leute
Leiter — Leiter

3. Schreibe nur die Tiernamen auf.

Licht, Lamm, Lama, Loch, Lehrerin, Lerche, Laus, Land

Lamm — *Lamm*

4. Schreibe die übrigen Wörter aus Aufgabe 3 mit Artikel auf.
das Licht, ...

1. Nachspuren und schreiben; Spitze beachten (Igel)
2. Mit zwei Farben nachspuren und schreiben
3. Tiernamen finden und mit zwei Farben nachspuren und schreiben
4. Übrige Wörter in Schreibschrift mit zwei Farben schreiben

J

1.

Ida Ida
Iris Iris

2. Indianer — Indianer
Insel — Insel
Italien — Italien

3. Iris rennt schnell. Ilona malt ein Bild. Ines liest ein Buch.

4. Schreibe auf, was du gerne machst. Ich ...
Vergleiche mit einem Partner und stellt in der Klasse vor.

1. Nachspuren und mit zwei Farben schreiben
2. Mit zwei Farben nachspuren und schreiben
3. Sätze zuordnen und mit zwei Farben schreiben
4. Weitere Sätze in Schreibschrift mit zwei Farben schreiben, mit einem Partner austauschen und in der Gruppe vorstellen

J j

1.

J   j

J J J J J J	j j j j j j
Ja Ja Ja	ja ja ja
Je Je Je	ju ju ju

2. Judo   Judo

Judo   Judo

jubeln   jubeln

jubeln   jubeln

3. Kreuze an. Vergleiche mit deinem Partner.   richtig   falsch

Im Juni schneit es.   ○ ○
Im Januar schneit es.   ○ ○
Ein Jahr hat neun Monate.   ○ ○
Herbst ist im Juli.   ○ ○
Ali und Ines machen Judo.   ○ ○

4. Schreibe die richtigen Sätze von Aufgabe 3 auf.

1. Nachspuren und schreiben
2. Mit zwei Farben nachspuren und schreiben
3. Leseverständnis; Lösung mit dem Partner vergleichen
4. Sätze in Schreibschrift und mit zwei Farben schreiben

G g

1.

G g

Denke an den 🦘-Sprung.

G G G	G
Ga Ga	Ga
Gi Gi	Gi

g g g g	g
ge ge	ge
go go	go

2. Garn — Garn
Garn — Garn

Geige — Geige
Geige — Geige

3. Glas — l / r
Geld — e / o
Gabel — a / ie

4. **Schreibe diesen und weitere Sätze mit G g in Schreibschrift auf:**
Gisela und Gabi grillen im Garten. …

1. Nachspuren und schreiben; bei Linksovalen Sprung beachten (Känguru)
2. Mit zwei Farben nachspuren und schreiben
3. Zauberwörter finden: Nachspuren, Buchstaben tauschen und mit zwei Farben schreiben
4. Diesen und weitere Sätze in Schreibschrift mit zwei Farben schreiben

K k

1.

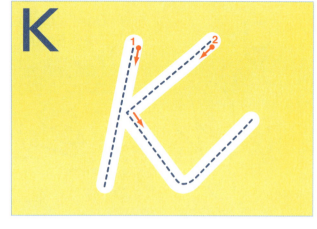

| K K   K | k k k k   k |
| Ke Ke   Ke | ko ko   ko |

2. Kirschen   Kirschen
    Kirschen   Kirschen

    Kiste   Kiste
    Kiste   Kiste

3. Krokodile   Koalas   kreischen   Kakadus   klettern   kriechen

    Die Kakadus kreischen.

---

1. Nachspuren und schreiben; Spitze beachten (Igel)
2. Mit zwei Farben nachspuren und schreiben
3. Sätze bilden und in Schreibschrift mit zwei Farben schreiben

1.

ck ck · ck
ck ck · ck
dick · dick
Jacke Jacke

2. Verbinde.

Schnecke

3. Schreibe die Reimwörter untereinander.

backen Glocke Ecke hacken Socke
Decke Schnecke knacken Locke

Glocke

4. Schreibe weitere lustige Sätze auf, wie zum Beispiel:
Schicke Socken hocken unter der dicken Decke.
Vergleiche mit einem Partner und stellt in der Klasse vor.

1. Nachspuren und mit zwei Farben schreiben
2. Aus Silben Wörter bilden und mit zwei Farben schreiben
3. Reimwörter zuordnen und mit zwei Farben schreiben
4. Diesen und weitere Sätze in Schreibschrift mit zwei Farben schreiben, mit einem Partner austauschen und in der Gruppe vorstellen

P p

1. P p

   P P P P P p p p p p

   Pa Pa Pa pa pa pa

2. Papagei — Papagei

   Pappe — Pappe

   Raupe — Raupe

3. Schreibe nur die Tiernamen auf.

   Pudel, Papagei, Puppe, Panther, Pulli, Paprika, Panda, Puma, Pinguin, Pult

   Pudel

4. Schreibe zu den übrigen Nomen aus Aufgabe 3 jeweils einen Satz.

   1. Nachspuren und schreiben
   2. Mit zwei Farben nachspuren und schreiben
   3. Tiernamen finden und mit zwei Farben schreiben
   4. Sätze in Schreibschrift mit zwei Farben schreiben

Sp sp

1.

Sp	sp

Sp   *Sp*   *sp*   *sp*

Spa   *Spa*   *spe*   *spe*

2. Sport   Sport

Sport   *Sport*

sprechen   sprechen

sprechen   *sprechen*

3. Spiegeleier mit Speck

Spiegeleier mit Spinat

Spaghettieis

Spinatsuppe

Bananensplit

Menü

Vorspeise

Hauptspeise

Nachtisch

1. Nachspuren und schreiben
2. Mit zwei Farben nachspuren und schreiben
3. Menü auswählen und in Schreibschrift mit zwei Farben schreiben

St st

1. St · st

   St St ... St   st st ... st
   Sta Sta ... Sta ste ste ... ste

2. Stunde

   Stunde ... Stunde

   stellen

   stellen ... stellen

3. Sp sp oder St st?
   Vier Nomen und vier Verben sind versteckt.

   eine · ort · inne · ehen
   eigen · aren · ern · ielen

   Sp sp   St st

4. Schreibe alle Verben von Aufgabe 3 auf: *sparen, ...*
   Vergleiche mit einem Partner.

1. Nachspuren und schreiben
2. Mit zwei Farben nachspuren und schreiben
3. Wörter bilden mit Sp sp oder St st und passend schreiben
4. Verben in Schreibschrift mit zwei Farben schreiben und mit einem Partner vergleichen

F f

1.

| F F | F |
| Fa Fa | Fa |

| f f | f |
| fe fe | fe |

2.

Frau — Frau
Frau — *Frau*

Schiffe — Schiffe
Schiffe — *Schiffe*

3. Was passt? Verbinde.

fehlen — Feger
fahren — Feier
feiern — Feuer
feuern — Feile
feilen — Fehler
freuen — Fahrt
fegen — Freunde
anfreunden — Freude

4. Schreibe so auf: *fehlen – der Fehler*

1. Nachspuren und schreiben
2. Mit zwei Farben nachspuren und schreiben
3. Verben und Nomen verbinden
4. Verben und Nomen aus Aufgabe 3 in Schreibschrift mit zwei Farben schreiben

Pf pf

1.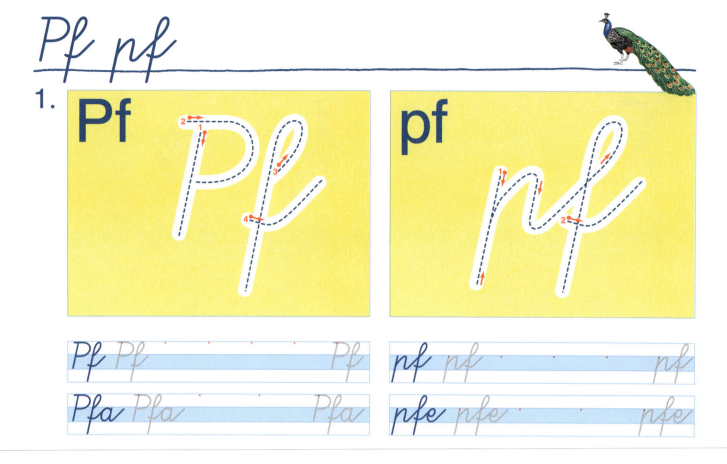

2.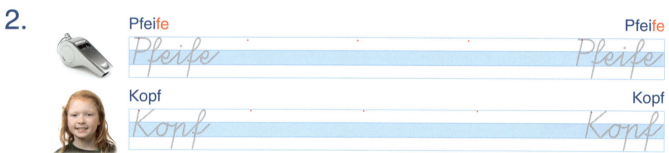

3. F oder Pf?

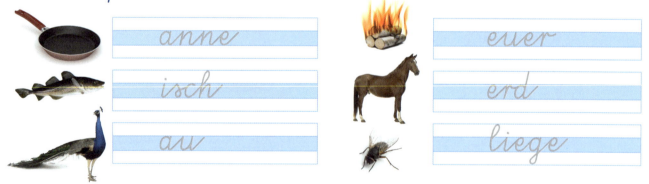

4. Setze die Wörter zusammen: der Apfelkuchen, ...

1. Nachspuren und schreiben
2. Mit zwei Farben nachspuren und schreiben
3. Wörter bilden mit F f oder Pf pf und passend schreiben
4. Zusammengesetzte Wörter bilden und in Schreibschrift mit zwei Farben schreiben

W w

1.

W   w

W W   W   w w   w
Wa Wa   Wa   we   we

2. Wiese   Wasser   Lawine   Wanne   Wolke   Wolf

3. Was passt?   Wespen   Wal   Welpen

Der ____ schwimmt im Meer.

Hundekinder nennt man ____

____ sind Insekten.

4. Schreibe die Sätze von Aufgabe 3 ab.

1. Nachspuren und schreiben; Spitze beachten (Igel)
2. Wörter passend mit zwei Farben schreiben
3. Nomen passend einsetzen und nachspuren
4. Sätze in Schreibschrift mit zwei Farben schreiben

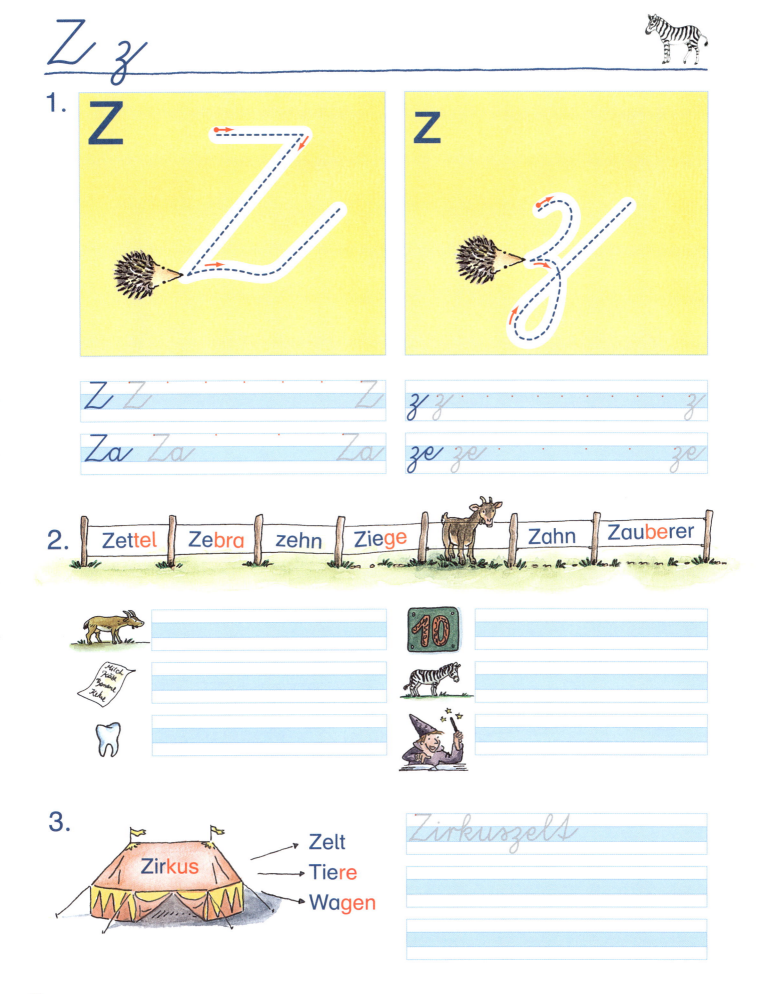

U u

1. U U u U
   Uhr Uhr Uhr
   Uhu Uhu
   Uli Uli

2. Urkunde Ufo Ufer Urlaub

3. Un — Sinn / Recht / Ruhe / Kraut

   der Sinn | der Unsinn

4. Urs und Uli umarmen Ursula unter Ulmen.

5. Schreibe selbst einen Zungenbrecher mit U u. Vergleiche mit einem Partner und stellt in der Klasse vor.

1. Nachspuren und mit zwei Farben schreiben
2. Wörter passend mit zwei Farben schreiben
3. Gegensatzpaare mit zwei Farben schreiben
4. Satz schreiben
5. Zungenbrecher in Schreibschrift und mit zwei Farben schreiben, mit einem Partner austauschen und in der Gruppe vorstellen

Y y

1.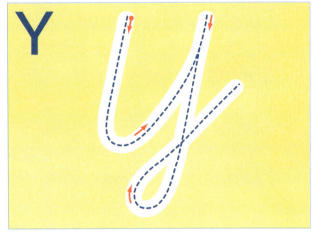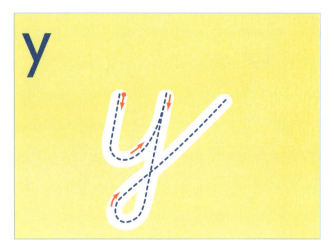

Y Y   Y   y y   y
Yo Yo   Yo   by by   by

2.

3.

4. Finde immer mindestens zwei Wörter.

Y wie in Yak: Yeti, ...
y wie in Dynamo: ...
y wie in Pony: ...

X x

1.

2. Mixer   Xylofon   Hexe   Taxi

3. Suppe, Haus, Wald — Hut, Besen, Limo

   Hexenhaus

4. Was ver**hex**t Hexe Trixi?
   Schreibe weitere Sätze und vergleiche mit einem Partner,
   zum Beispiel: *Hexe Trixi verhext den Besen.*

1. Nachspuren und schreiben; Spitze beachten (Igel)
2. Wörter passend mit zwei Farben schreiben
3. Zusammengesetzte Wörter bilden und mit zwei Farben schreiben
4. Sätze in Schreibschrift mit zwei Farben schreiben

Qu qu

1.

Qu Qu · · Qu   qu qu · · qu

Qua   Qua   qui qui · · qui

2.

Aquarium

3. schwimmen
Die Fische im
Aquarium.

Quartett.
Die Kinder
spielen

Die Ferkel im
Stall. quieken

4. Schreibe weitere Wörter mit Qu qu auf.
Vergleiche mit einem Partner und stellt in der Klasse vor.

1. Nachspuren und schreiben; bei Linksovalen Sprung beachten (Känguru)
2. Wörter passend mit zwei Farben schreiben
3. Sätze bilden und mit zwei Farben schreiben
4. Wörter in Schreibschrift mit zwei Farben schreiben; mit einem Partner austauschen und in der Gruppe vorstellen

nk ng

1.

nk

ng

| nk *nk* | nk | ng *ng* | ng |
| Bank | *Bank* | eng | *eng* |

2. nk oder ng?

Schra__e   Schla__e   Fi__er   A__er   E__el   Ri__

3. Verbinde.

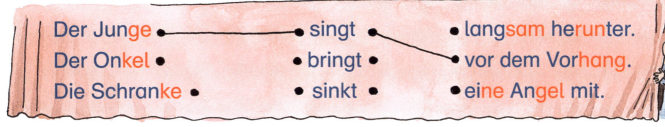

Der Junge • — • singt • — • langsam herunter.
Der Onkel • — • bringt • — • vor dem Vorhang.
Die Schranke • — • sinkt • — • eine Angel mit.

4. Schreibe die Sätze von Aufgabe 3 auf.

1. Nachspuren und schreiben
2. Wörter passend mit zwei Farben schreiben
3. Sätze bilden
4. Sätze in Schreibschrift mit zwei Farben schreiben

ß ß ß

1.

ß .... ß   ß ß .... ß

groß groß   groß   heißen heißen

2. fließen

fließen fließen

Du kannst das ß auch so verbinden.

schießen   gießen

schießen   gießen

3. ß oder ß? Entscheide selbst.

Füße

Füße   Füße

Grüße

Grüße   Grüße

4. Ich heiße _____ .

Meine Mama heißt _____ .

Mein Papa heißt _____ .

5. Schreibe die Sätze von Aufgabe 3 auf.

1. Nachspuren und mit zwei Farben schreiben; ß im Wortinneren
2. Schreibvariante; mit zwei Farben nachspuren und schreiben
3. Mit zwei Farben nachspuren; Schreibvarianten erproben; über die Auswahl der Varianten sprechen
4. Namen mit zwei Farben schreiben
5. Sätze in Schreibschrift mit zwei Farben schreiben

chs

1. chs

chs · · chs
sechs sechs sechs
Wachs Wachs
Echse Echse

2.
Fuchs F → L-e
Lachs L → D-e
Ochse O → A-e

3. Verbinde.

Der Luchs ist • • eine Raubkatze.
Der Lachs ist • • ein Rind.
Der Ochse ist • • ein Fisch.

Schreibe die Sätze.

4. Was ist ein Dachs? Schreibe auf.
Vergleiche mit einem Partner und stellt in der Klasse vor.

1. Nachspuren und schreiben
2. Zauberwörter finden: Nachspuren, Buchstaben tauschen und mit zwei Farben schreiben
3. Sätze bilden und mit zwei Farben schreiben
4. Sätze in Schreibschrift und mit zwei Farben schreiben, mit dem Partner austauschen und in der Gruppe vorstellen

ai

1.

2.

3. Schreibe die Sätze in Schreibschrift. Ergänze die fehlenden Wörter.

Mai   Hai   Kaiser   Saiten

Der 🧅 regiert ein Reich.
Der 🧅 hat eine Rückenflosse.
Die Geige hat vier 🧅.
Der 🧅 ist der fünfte Monat.

4. Schreibe zusammengesetzte Wörter mit Mai auf.

der Maikäfer, der Maibaum, ...

1. Nachspuren und schreiben
2. Wörter passend mit zwei Farben schreiben
3. Sätze in Schreibschrift und mit zwei Farben schreiben
4. Zusammengesetzte Wörter in Schreibschrift und mit zwei Farben schreiben

Ä ä

1.

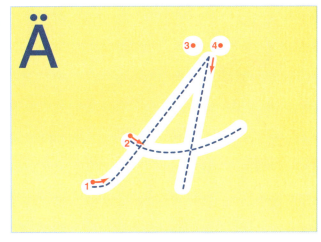

Ä Ä . . . . . . Ä   ä ä . . . . . . ä
Ähre . . . . . Ähre   Bär Bär . . . Bär

2. Aus *a* wird *ä*.

ein Apfel   viele Äpfel
_____   _____
_____   _____
_____   _____

3. Finde die passenden Verben.

                  Nomen   Verben

Farben   färben
Bäcker   _____
Fähre   _____
Zahl   _____

1. Nachspuren und mit zwei Farben schreiben
2. Mehrzahl bilden und mit zwei Farben schreiben
3. Nomen nachspuren, passende Verben finden und mit zwei Farben schreiben

Ö ö

1.

Ö Ö . . . . . Ö   ö ö . . . . . ö

Öl Öl . . . Öl   Löwe Löwe

Öse Öse . Öse   König König

2.

Knopf   Ofen   Ton   Topf

ein Ofen   viele Öfen

3. Schreibe die Sätze auf und ergänze die Verben.
Vergleiche mit deinem Partner.

Mia ◯ der Lehrerin zu. Ben ◯
die Mitschüler. Mio ◯ sein Heft.
Lisa ◯ nach der langen Wanderung.

hört
stört
stöhnt
verschönert

1. Nachspuren und mit zwei Farben schreiben
2. Mehrzahl bilden und mit zwei Farben schreiben
3. Sätze in Schreibschrift und mit zwei Farben schreiben

Ü ü

1.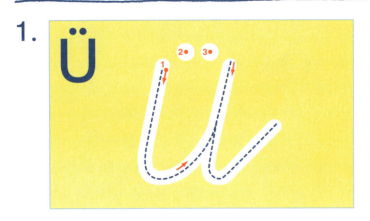

Ü Ü   Ü   ü ü   ü

2. Tür   Tür
Tür

 Überraschung   Überraschung
Überraschung

3. Aus groß wird klein.

 eine Suppe   ein Süppchen

Im Riesenland

Der Riese isst seine Suppe in der Küche.

Dann schlägt die Uhr zweimal.

Er setzt seinen Hut auf.

Nun geht er mit seinem Hund in den Garten.

 4. Wie lautet die Geschichte im Zwergenland?
Der Zwerg isst sein Süppchen ...

1. Nachspuren und schreiben
2. Mit zwei Farben nachspuren und schreiben
3. Verkleinerung bilden und mit zwei Farben schreiben
4. Geschichte in Schreibschrift und mit zwei Farben schreiben

Schreibtexte

Nach **Ei/ei** *(ab Seite 26)*

Besuch bei Tante Nora

Sina besucht Tante Nora.
Sie bauen einen hohen Turm.
Dann basteln sie Blumen und malen ein Bild.
Bei Tante Nora ist es toll!

Nach **G/g** *(ab Seite 31)*

Im Garten

Tims Eltern haben einen Garten mit einem Teich.
Im Sommer badet Tim darin.
Die Eltern ernten Birnen und Johannisbeeren.
Nach der Arbeit grillen sie gemeinsam.

Nach **F/f** *(ab Seite 37)*

Lesenacht

Es ist Abend.
Die Kinder der ersten Klasse sind in der Schule.
Sie lesen eine spannende Geschichte.
Auf einmal kommt ein kleines Gespenst herein.
Es stolpert – und Lisa steht ohne Laken da.
So ein Pech!

Schreibtexte

Nach **tz** *(ab Seite 42)*

Im Zoo

Tim und sein Vater besuchen den Zoo.
In der Ferne schreien laut die Pfauen.
Die Elefanten nehmen ein Staubbad in ihrem Gehege.
Zum Schluss gehen sie zu den Pferden
im Schlafanzug – den Zebras.

Nach **nk/ng** *(ab Seite 47)*

Hexe Trixi

Die kleine Hexe Trixi kauft einen Besen.
Nun will sie nach Hause fliegen.
Doch der Besen fliegt mit ihr kreuz und quer durch die Luft.
Nach einem wilden Ritt gelangt sie endlich nach Hause.

Nach **Ü/ü** *(ab Seite 54)*

Auf Lachsfang

Kai verbringt seine Ferien bei seinem Großvater in Kanada.
Sie wollen Lachse fangen,
die in ihr Laichgewässer zurückwandern.
Plötzlich hören sie ein lautes Brummen.
Auch ein Braunbär will Lachse fangen.

ABC der Tiere – Schreibtabelle

So arbeitest du mit der Schreibtabelle beim Lesen:

1. Welchen Buchstaben kennst du nicht?

2. Suche den Buchstaben in der Schreibtabelle.

3. Sprich das Bildwort.

4. Sprich nur den neuen Laut.

5. Lies das Wort mit dem neuen Laut. Hast du das Wort verstanden?

6. Kennst du andere Wörter, in denen der gleiche Laut vorkommt?

So arbeitest du mit der Schreibtabelle beim Schreiben:

1. Sprich das Wort und klatsche die Silben. Welcher Laut ist neu?

2. Suche das Wort, das mit dem neuen Laut beginnt.

3. Schreibe das Wort mit zwei Farben.

4. Denke dabei an die Häuschen.

5. Überprüfe das Wort.

6. So kannst du Wörter mit neuen Buchstaben richtig schreiben.

Die drei Häuschen:

ABC der Tiere 1 – Schreiblehrgang Vereinfachte Ausgangsschrift, **Schreibtabelle**
Bestell-Nr. 1402-33 · ISBN 978-3-619-14233-0

Mildenberger